Regine Schindler

Sankt Nikolaus

Bilder von Carola Schaade

Verlag Ernst Kaufmann

Es klopft. Es klopft laut. Es klopft immer wieder. Vor der Tür ist ein Poltern und Husten zu hören. „Wer mag das sein?“ Die Kinder schauen sich an. „Geh doch du die Tür öffnen, Niki“, sagt der Vater und lacht. „Oder geh du, Nora, du bist schon groß.“ Wie versteinert bleiben die Kinder sitzen. Der kleine Thomi beginnt zu weinen.
Heute ist der sechste Dezember, Nikolaustag. Alle wissen, wer vor der Tür steht.
Schließlich muß die Mutter öffnen. Hat sie denn keine Angst? Zittern nicht auch ihre Knie ein bißchen?
Und schon steht der Mann mit dem roten Mantel und den dicken Stiefeln mitten im Zimmer. Er klopft mit seinem Stab auf den Boden. Er läßt den Sack auf den Teppich plumpsen. Er stöhnt. „Guten Abend, Kinder. Ja, die Reise zu euch war weit. Der Sack ist schwer“, sagt er mit tiefer Stimme. „Ich wollte doch mal schauen, ob ihr alle schön brav seid“, fügt er hinzu. „In meinem großen Buch steht alles über euch aufgeschrieben – und in diesem Sack … ja, das ist eine Überraschung für später.“ Er legt das alte Buch auf den Tisch. Mühsam setzt er sich. Wieder stöhnt er und atmet laut.
Er ist sehr, sehr alt, denkt Niki. Ja, in seinem Buch hat er sicher aufgeschrieben, daß ich nicht aufräume, daß ich Nora an den Haaren zerre …
Niki versucht, sich an den Vers zu erinnern, den er für den Nikolaus auswendig gelernt hat. Aber er hat alles vergessen, einfach alles. Noras Gesicht ist schneeweiß. Thomi ist unter dem Tisch verschwunden.
„Sagt mir hier keiner Guten Tag?“ fragt der Nikolaus. Seine Stimme ist weniger tief. Er zieht die dicken Wollhandschuhe aus. Er streckt seine rechte Hand aus. Vorsichtig legt Niki seine kleine Hand in die große des Nikolaus. „Guten Tag, Nikolaus“, sagt er. Sein Herz klopft. Doch er spürt: So alt und rauh, wie er dachte, ist diese Nikolaus-Hand gar nicht.

13
7
9
22
19

Der Vater schiebt das Buch näher zum Nikolaus. Nora schaut zu. Sie zittert.
Doch plötzlich schüttelt der Nikolaus den Kopf. Er steht mit einem Ruck auf. Er stampft mit seinem rechten Fuß auf den Boden und sagt: „Nein, nein, ich will nicht, daß ihr euch vor mir fürchtet. Der Nikolaustag soll ein Freudentag sein. Genug mit diesem Theaterspiel." Nun schlüpft er aus seinem dicken Kapuzenmantel und wirft ihn über eine Stuhllehne. Er zerrt an seinem Bart.
Schon hat er ein wildes Bündel weißer Haare in der Hand. Er wirft es auf den Tisch. Seine Ohren sind rot. Ja, der künstliche Bart war angeklebt!
Mutter und Vater sehen sich überrascht an. Niki hält sich an Nora fest. Und dann staunen die Kinder: Es ist Onkel Matthias! Er lächelt. Er setzt sich wieder.
Jetzt öffnet Onkel Matthias das Buch. „Hier sind eure Fehler aufgeschrieben", sagt er und zieht zuerst drei Papierblätter heraus. „Die gebe ich euch zurück." Er streckt die Blätter den Eltern entgegen. „Aber was hier in meinem alten Buch gedruckt und gemalt ist – das will ich euch zeigen. Kommt näher, Kinder. Es ist die Geschichte des Heiligen Nikolaus. Er ist vor vielen, vielen Jahren am 6. Dezember gestorben. Darum feiern wir heute sein Fest."
Langsam verschwindet die Angst der Kinder. Alle rücken nahe zu Onkel Matthias. Sie wollen die Bilder des Buches sehen. Thomi setzt sich sogar auf seinen Schoß.
Bald hat der Onkel das Buch auf der richtigen Seite aufgeschlagen und beginnt zu erzählen.

Weit von hier ist Nikolaus vor vielen, vielen Jahren geboren worden, in dem Land, das heute Türkei heißt.

Wie andere Kinder wird Nikolaus kurz nach seiner Geburt gebadet. Da wundern sich die Eltern, aber auch die Dienerinnen, die zuschauen: Der winzige Nikolaus kann schon stehen.

Später erzählen die Eltern ihrem Kind Geschichten. Es hört gut zu. Am liebsten hört Nikolaus die Geschichte von Jesus. Wie Jesus möchte ich werden, denkt er. Ich möchte den Armen und Ängstlichen helfen.
Nikolaus ist freundlich zu allen Erwachsenen. Er lernt fleißig und geht schon als Kind gerne zur Kirche. So wird es erzählt.
Vielleicht fragt man darum die Kinder bis heute am Nikolaustag, ob sie brav sind und fleißig lernen.
Eines Tages kommt Nikolaus von der Kirche nach Hause. Zwei Diener mit ernsten Gesichtern warten auf ihn. „Deine Eltern sind schwer krank, beide. Geh schnell zu ihnen ins Haus."
Bald darauf sterben die Eltern. Nikolaus weint. Er schließt sich ein. Er denkt lange nach. Er denkt an die Geschichten von Jesus. „Ich will ein neues Leben führen, wie Jesus."
Nikolaus ist noch jung. Aber er ist sehr reich. Ihm allein gehört jetzt das große Haus, ein prächtiger Garten, auch Dienerinnen, Diener und große Goldschätze.

Eines Tages hört der junge Nikolaus durch das offene Fenster merkwürdige Geräusche. Sind das nicht Stimmen von Menschen, die jammern und klagen?
Nikolaus springt auf und eilt in den Garten. Er lauscht an der Gartenmauer. Hat der Nachbar vorhin geweint? Jetzt hört Nikolaus den Mann mit zitternder Stimme reden. „Ihr lieben Töchter", sagt er, „ich wäre so froh, wenn ihr heiraten könntet. Aber ich bin arm. Ich habe kein Geld, um euch die Tücher und Kasten, die Krüge und Teller zu kaufen, die ihr braucht. Ich muß euch wegschicken, damit ihr bei fremden Herren Geld verdienen könnt."
Durch eine Ritze der Mauer sieht Nikolaus den Nachbarn und seine drei Töchter. Die drei Mädchen trösten den Vater. Aber auch sie weinen. Nikolaus weiß: Sie haben Angst davor, Dienerinnen zu werden bei fremden Herren, in einer fremden Stadt.
Nikolaus eilt zurück in sein Haus. Er will dem Nachbarn und seinen Töchtern helfen. Er holt viele Goldstücke aus der Schatztruhe in seinem Keller.

Nachts schleicht Nikolaus wieder zur Gartenmauer. Er hat einen ganzen Haufen von Goldstücken in ein Tuch geknüpft. Es sieht aus wie ein kleiner Sack. Nikolaus wirft das Goldpaket in ein offenes Fenster des Nachbarn. Dann verschwindet er wieder in seinem Haus.
Morgens findet der Nachbar das Gold. Er wundert sich und ist voller Freude. Jetzt wird das Hochzeitsfest für die älteste Tochter vorbereitet. Die Goldstücke reichen für alles, was das Mädchen braucht.
Später wirft Nikolaus einen zweiten Goldsack in das Nachbarhaus. Der Nachbar wundert sich noch mehr. „Ich will herausfinden, wer uns so beschenkt. Ich will besser aufpassen", sagt er. Doch er ist glücklich. Auch die zweite Tochter kann jetzt heiraten.
Wenige Tage darauf wirft Nikolaus einen Goldsack ins Nachbarhaus, der doppelt so groß ist wie die beiden ersten. Ob ihm die jüngste Tochter besonders gut gefällt?
Doch heute wacht der Nachbar vom Aufprall des Geldes auf. Sofort springt er auf und schaut aus dem Fenster. Er entdeckt im Dunkeln eine Gestalt. Er läuft ihr nach. Er klettert sogar über die Mauer. „Bleib stehen", ruft er. Und er packt Nikolaus am Ärmel. Im Schein der Laterne erkennt er ihn. „Du bist der gute Mann, der uns so beschenkt hat?" ruft er.
Er fällt vor Nikolaus auf die Knie und will seine Füße küssen. Doch Nikolaus schüttelt ihn ab und streckt ihm seine Hände entgegen. „Sag niemandem, wer dir geholfen hat", bittet er. „Das soll ein Geheimnis bleiben."

Onkel Matthias schaut auf. Nora legt ihre Hand auf das aufgeschlagene Buch. „Ich habe etwas gemerkt", sagt sie. „Der Nikolaus, damals in der Türkei, schenkte seinen Goldsack ganz heimlich. So macht es der Nikolaus auch heute. Wißt ihr noch: Letztes Jahr stand der volle Sack morgens einfach mitten in der Küche?" Alle nicken.
„Erzähl weiter", sagt Niki. „Ich möchte mehr wissen über den Nikolaus."

Einige Jahre später reist Nikolaus in die Stadt Myra. Sie liegt wie seine Heimatstadt in der Türkei. Sehr früh geht er zum Morgengebet in die Kirche. Die Straßen sind still. Es ist noch dunkel. Die Kirche scheint ganz leer.
Da erschrickt Nikolaus: In der Vorhalle kommt ihm plötzlich eine Gestalt entgegen. Es ist ein alter Mann. Er sagt zu ihm: „Du sollst der neue Bischof von Myra sein. Der alte Bischof ist gestorben. Gott sagte mir im Traum: ‚Der Mann, der am Ende der Nacht als erster die Kirche betritt, soll der neue Bischof von Myra sein. Sein Name ist Nikolaus.'" Nikolaus zuckt zusammen. „Ja, ich heiße Nikolaus. Ich will beten. Ich will wie Jesus den Armen helfen. Ich will Jesus Christus dienen. Aber Bischof sein? Nein!"
„Du dienst Jesus, wenn du Bischof wirst", sagt eine Stimme. Plötzlich merkt Nikolaus, daß viele Menschen in der dunklen Kirche sind. Sie haben die ganze Nacht gebetet und hier im Dunkeln auf den neuen Bischof gewartet. Jetzt zünden sie Kerzen an. Sie führen Nikolaus nach vorn zum Bischofsthron.
Zuerst will sich Nikolaus losreißen und weglaufen. Aber dann läßt er sich doch den Bischofsmantel umlegen und den Bischofshut aufsetzen. Er wird Bischof von Myra. Die Menschen klatschen. Sie freuen sich. Langsam wird es hell in der Kirche.

Die Bewohner von Myra haben ihren Bischof gern. Er hilft den Armen, wo er kann. Die Menschen kommen von weit her, um ihn zu sehen und zu hören. Sie erzählen es weiter im ganzen Land: „Nikolaus hilft den Menschen in ihrer Not, immer dann, wenn es ihnen am schlechtesten geht."

Zu diesem Bild gehört eine andere Geschichte, die sich die Menschen seit alten Zeiten von Nikolaus erzählen: Ein Segelschiff ist in einen Sturm geraten. Die Wellen sind hoch. Der Wind ist so heftig, daß die Seeleute das Steuer nicht mehr drehen können. Die Seile, mit denen die Segel festgemacht sind, können sie nicht mehr halten. Sie haben Angst.
Da ruft einer der Männer den andern Schiffsleuten zu: „Vielleicht kann Nikolaus uns helfen." Die Männer nicken. Sie haben von Nikolaus gehört. Sie rufen laut: „Hilf uns, Nikolaus, wir sind in großer Not, du kannst uns retten!"
Plötzlich steht ein Mann bei ihnen, den sie vorher nie gesehen haben. Er sagt: „Ihr habt mich gerufen, hier bin ich." Mit großer Kraft dreht er das Steuer und zieht an den Seilen, bis der Sturm vorüber ist. Und schon ist er wieder verschwunden.

Erst später kommen die Matrosen in die Kirche von Myra. Da sehen sie Nikolaus in seinem Bischofsmantel. Sie sehen sein Gesicht unter dem Bischofshut und rufen erstaunt: „Du bist Nikolaus, unser Helfer!" Ja, es ist der Mann, der im Sturm bei ihnen war. Sie fallen auf die Knie und danken Bischof Nikolaus für die Rettung.
Nikolaus aber sagt: „Ihr sollt Gott danken, nicht mir. Ich bin Gottes Diener. Im Namen Gottes habe ich euch geholfen."

Später herrscht große Hungersnot im Land. Es hat über ein Jahr lang nicht geregnet. Auf den Feldern wächst nichts mehr. Alles Korn ist aufgebraucht.
Aufgeregt kommen die Menschen eines Tages zu Bischof Nikolaus: „Hast du die zwei Schiffe gesehen? Sie liegen im Hafen. Sie kommen aus einem fremden Land und sind voller Säcke und Töpfe mit Weizen. Die Schiffsleute haben angehalten, um Trinkwasser aus unserem Ziehbrunnen zu holen. Doch sie wollen uns kein Korn geben. Und auf dem Meer warten noch mehr Schiffe."
Da geht Nikolaus zum Hafen. Er ist gekleidet wie ein Kaufmann. Er beginnt sofort, mit dem Kapitän eines Schiffes zu verhandeln.
„Gebt uns doch aus jedem eurer Schiffe einige Tontöpfe oder Säcke mit Korn." Der Kapitän schüttelt den Kopf: „Das kommt gar nicht in Frage. Wir alle müssen das Korn dem Kaiser bringen. Der Kaiser wird uns bestrafen, wenn die Schiffe nicht mehr voll sind."
Doch Nikolaus antwortet: „Ich verspreche euch: Gott selbst wird alle Schiffe wieder ganz voll machen. Der Kaiser wird zufrieden sein."
Der Kapitän schüttelt wieder den Kopf. Weiß dieser Kaufmann so sicher, daß Gott helfen kann? Doch dann winkt er auch die anderen Schiffe heran. Die Bewohner von Myra dürfen Korn holen: Viele Tontöpfe und Säcke aus jedem Schiff.
Das Korn reicht für zwei Jahre. Nikolaus verteilt es gerecht. Alle bekommen davon und werden satt. Sogar zum Säen auf den Feldern ist noch genug übrig.
Später hören die Bewohner von Myra, daß die Schiffe wirklich ganz voll beim Kaiser angekommen sind.

In späteren Zeiten wird Bischof Nikolaus der Heilige Nikolaus oder Sankt Nikolaus genannt. Immer neue, wunderbare Geschichten werden von ihm erzählt.

Drei Schüler reisen in eine Stadt im Norden von Frankreich. Dort in einer Klosterschule wollen sie mehr lernen: über die Bibel, über fremde Sprachen, über Länder und vergangene Zeiten.
Einige Wochen lang sind sie unterwegs. Sie sind noch Kinder.
Die Reise ist gefährlich.
Die Eltern haben den Schülern ein Bündel mitgegeben, das sie über der Schulter tragen. Darin eingeschnürt sind ihre Schreibtafeln, auch ihre Kleider, vor allem aber Goldstücke, mit denen sie die Klosterschule bezahlen sollen.
Eines Nachts kommen die drei Schüler zu einem Gasthaus. „Ja, wir haben Platz für euch", sagt die Frau des Wirts freundlich. „Ruht euch bei uns aus, ich will eure Reisekleider waschen." Wie die Schüler nun ihre Reisebündel aufknüpfen, entdecken der Wirt und seine Frau die vielen Goldtaler. Sie haben noch nie so viel Geld gesehen. Sie möchten die Goldtaler haben.
In der Nacht töten sie die drei Schüler; sie legen das Gold in ihre Schatztruhe und stecken die Schüler in ein leeres Faß.
Kurz darauf aber klopft ein Bettler an. Die Wirtsleute öffnen. Der Bettler sagt: „Ich habe Hunger." Er schiebt den Mann und die Frau zur Seite und tritt einfach ein. Schnell geht er auf das Faß zu.
„Was ist denn dort unter dem Deckel? Das Faß ist ja übervoll!"
Er hebt den Deckel ab. „Ihr seid Mörder und Diebe", schreit er.
Da recken sich drei Köpfe aus dem Dunkeln. Langsam dehnen sich die Schüler. Sie stehen auf. Sie leben.
Glücklich danken sie dem Bettler für die Rettung. Sie erkennen ihn und sagen: „Du bist der Heilige Nikolaus, unser Helfer."

In späteren Zeiten feiern die Schüler in vielen Städten zur Weihnachtszeit ein Nikolausfest. Ein Schüler darf den Nikolaus spielen und sich als Bischof verkleiden. Für einen Tag darf er befehlen.
Aber auch Erwachsene verkleiden sich. Sie ziehen Masken an. Manche spielen Tiere, einen Teufel oder hüllen sich in dicke Pelze und machen Lärm. „Wir vertreiben den Winter“, rufen sie.
Oft sind sie sehr wild und laut. „Das ist ein Narrenfest – man sollte es verbieten“, sagen ernste Männer in der Kirche. Die Kinder aber freuen sich.
Die Hauptperson der Umzüge ist immer der Heilige Nikolaus. Man erkennt ihn an seiner Bischofmütze. Und schaut: Ein Begleiter mit rotem Kapuzenmantel ist auch dabei. Er heißt Knecht Ruprecht. Er fragt die Kinder, ob sie gehorchen und brav beten. Der Nikolaus selbst aber ist freundlich und verteilt Geschenke.

Niki schaut vom Knecht Ruprecht im großen Buch zu Onkel Matthias hinüber, dann zum vollen Sack und zum Kapuzenmantel, der über dem Stuhl liegt. „Komisch“, sagt er, „du bist der Nikolaus. Du bringst Geschenke. Aber du hast einen Knecht-Ruprecht-Mantel.“ Onkel Matthias lacht. „Du hast recht. Heute ist das alles anders. Eigentlich sollte ich ein Bischofskleid tragen. Aber natürlich bin ich auch ein bißchen der Knecht Ruprecht.“
Nur ganz leise stampfen seine schweren Stiefel auf dem Boden. Auch Thomi hat jetzt keine Angst mehr.

Onkel Matthias steht auf. „Das Buch darfst du behalten, Niki!" Niki klemmt es fest unter seinen Arm. Ja, er will seinen Freunden die Geschichte erzählen und ihnen den Bischof mit der spitzen Mütze zeigen.
Onkel Matthias aber sagt: „Ich muß weiter, Kinder. Gebt mir meinen Bart und meinen Nikolausmantel. Ich will noch andere Kinder besuchen." Der weiße struppige Bart wird wieder an seine Ohren geklebt. Der Vater hilft ihm in den Mantel.
Bevor der Nikolaus die dicken Wollhandschuhe anzieht und den Stock in die Hand nimmt, öffnet er den Sack. „Alles ist für euch!" sagt er. Er nimmt fünf goldene Äpfel heraus. „Die könnt ihr an den Tannenbaum hängen – und dabei an die Goldstücke denken, die der Heilige Nikolaus seinem armen Nachbarn über die Gartenmauer geworfen hat."
Plötzlich fällt Niki der Vers wieder ein, den er gelernt hat für den Nikolaus. Er hält Onkel Matthias am Ärmel fest und sagt sehr deutlich und ohne Stocken:

„Niklaus, Niklaus, heiliger Mann,
zieh die großen Stiefel an,
reis damit nach Spanien,
kauf Nüsse und Kastanien!"

Erst nachdem der Nikolaus die Wohnung verlassen hat, stürzen sich die Kinder auf den Sack. „Mandarinen, Nüsse, Schokolade und Lebkuchen!" rufen sie und lachen. Sie teilen und essen.

Später setzt sich Niki leise neben den Vater, der jetzt am Tisch in der Zeitung liest. Er zupft den Vater am Ärmel und sagt: „Vater, mein Name gefällt mir jetzt noch besser. Bin ich jetzt groß genug, daß ihr mich Nikolaus nennt?"

Nachwort für Eltern und Erzieher

Mehr als alle anderen Heiligengestalten gehört der Nikolaus ins Leben der Kinder. Er ist nicht nur gegenwärtig in weihnachtlichen Dekorationen, als Schokolade- und Lebkuchenfigur, sondern tritt als magische Gestalt in Familie, Kindergarten oder Schule auf. Die Kinder „glauben“ mehr oder weniger lange an ihn. Dabei spielt auch Angst eine gewisse Rolle, kommt er doch seit Jahrhunderten nicht nur, um überbordend zu schenken, sondern auch, um zu befragen oder gar zu bestrafen. Er ist also eine Kontrollinstanz, die heute zum Glück vor allem in humorvoller Weise „eingesetzt“ wird, fürs kleine Kind aber voller Geheimnisse bleibt. Es ist wichtig, daß Kindern – manche zeigen ja ihre Reaktion nach außen kaum – die Angst vor dieser Nikolaus-Gestalt genommen wird, und daß sie gleichzeitig die Figur des Heiligen, der hinter dem ganzen Brauchtum steht, kennen lernen.
Indem Nikolaus in der vorliegenden Geschichte sein Kostüm vor den Kindern auszieht, demonstriert er: Ich will nicht Angst machen. Indem der Onkel aber vom *Heiligen* erzählt, erhält das Nikolausfest, als christliches Fest, für die Kinder einen neuen Sinn. Aus dem „Buch im Buch“ wird vor allem die Geschichte des Bischofs von Myra, wie sie aus der „Legenda aurea“ bekannt ist, lebendig. Im Gegensatz zu einer historischen Gestalt wie derjenigen des Heiligen Martin gibt es über die legendäre Figur des Nikolaus aber einen ganzen Kranz von Sagen, der weit über die Geschichte des Bischofs, der im 4. Jahrhundert in Myra gelebt haben könnte, hinausgeht. Mittelalterliche Legendenteile kamen hinzu und wurden durch buntes Brauchtum erweitert. Aus diesem ganzen späteren Komplex wurde für dieses Buch die Geschichte von den drei Schülern und die alten Nikolausumzüge, wie sie sich mancherorts bis in unsere Zeit finden, ausgewählt.
Immer wieder können Kinder in diesem Büchlein Charakterzüge entdecken, die den alten Heiligen und den heutigen „gespielten“ Kapuzenmann verbinden: Er hilft phantasievoll, ohne Gegengaben zu erwarten; er kommt heimlich und unerkannt; er erinnert an das brave Kind, das Nikolaus selbst einmal war, aber auch an den Knecht Ruprecht, der früher Nikolaus und Christkind in Umzügen begleitete und von den Kindern das Bravsein erwartete.

Die vorliegende Geschichte könnte anregen, in Kindergarten, Schule oder Familie den Nikolaus in ähnlicher Weise durchschaubar zu machen, indem er sich zum Beispiel vor den Augen der Kinder verkleidet oder entkleidet. Aber auch wenn einfach ein Sack vor der Tür steht oder nachts die Stiefel gefüllt werden, kann die Gestalt des Sankt Nikolaus, die hinter dem Brauchtum steht, Kindern nähergebracht werden. Sie sollen es dabei nicht vor allem einem drohenden Heiligen „recht“ machen wollen und folgsam sein, sondern sich zu phantasievollem Schenken und Helfen in der Vorweihnachtszeit anregen lassen, so daß der übliche Schenkzwang einen neuen Sinn erhält.

In erster Linie soll die geheimnisvolle Nikolausgestalt Kindern Freude machen. Nicht zuletzt aber möge die Legende an das Leben Jesu erinnern und die Erwachsenen ermuntern, ergänzend einige Jesusgeschichten zu erzählen – jene, die auch den Heiligen als Kind geprägt haben könnten: Geschichten, in denen sich Jesus um Arme und Außenstehende kümmert. So kann dieses Büchlein Kinder und Erwachsene in besonderer Weise durch die Adventszeit begleiten.

Frau Professor Ottilie Dinges und Herrn Fachschuldirektor Frieder Schmitthenner möchte ich für ihre Beratung und ihre Anregungen bei der Entstehung dieses Büchleins herzlich danken. R. S.

CIP-Titelaufnahme der Deutschen Bibliothek

Schindler, Regine:
Sankt Nikolaus / Regine Schindler. – Lahr: Kaufmann, 1989
(Religion für kleine Leute)
ISBN 3-7806-2302-1

 · Printed in West Germany · Umschlaggestaltung: Muki Jacob
Hergestellt bei Kösel GmbH & Co., Kempten
ISBN 3-7806-2302-1